병사의 자서전

병사의 자서전
-시가 있는 이야기

김성민 시집

북앤피플

차례

1부 구슬이 누나

고백_009 / 별 하나 나 하나_010 / 구슬이 누나_011
어느 날_019 / 아카시아_020 / 아큐정전_021 / 샛별_023
그리움_024 / 미워하며 떠났던 당신입니다_025
아빠 생각_026 / 달걀밥_028 / 탈북, 그리고 운명_030
고운 세상_031 / 청류벽(淸流壁)_033 / 천구백구십사년 칠월 팔일 새벽 두시 태양은 떨어지고 우레 울었다_034
몹쓸 행군_035 / 병사(兵士)의 자서전_037 / 아픈 이별_039
꿈_041 / 꽃씨_042 / 달을 보며_043

2부 한 음절 단어에서 파생되는 연상어

시내야_047 / 쌀에 대하여_048 / 기억하기_050
그 별자리 보며 울던 건 내가 아닌 너였어_051
망각(忘却)_052 / 미련한 자의 생각은 죄_053 / 경계_054
시인 김순석_055 / 한 음절 단어에서 파생되는 연상어_061

3부 그늘 속 행복

우리 집 금붕어, 네가 흠난주였다는 걸 남조선에 와서야 알았어_065 / 일기 쓰기_067 / 자화상_068 / 자화상 2_069

김성민 시집·병사의 자서전

자화상 3_070 / 자화상 4_071 / 고향의 거리_072
민들레_073 / 엄마 생각_074 / 눈이 온다_075
탈북의 의미_076 / 개명_077 / 쏜, 살_078 / 좋은 아침_079
공_080 / 아웃사이더_081 / 문_082 / 사람이 왔다_083
신세계_086 / 동작대교 위에서_087 / 촌놈_089 / 비원_090
엘리베이터_091 / 봄, 그리고 여름_092 / 숫자의 의미_093
굴뚝 연가_095 / 그 여름을 내가 살았다_096
김 사장, 홍 사장, 독고 사장의 거짓말_098 / 인간의 증명_099
신 들메_100 / 서울의 눈(雪)_101 / 꽃의 언어_102
넌 나에게_103 / 자기소개서_104 / 극과 극_105
스승의 시_106 / 어느 탈북자의 기도_108 / 끝 눈_110
시(時)의 생리_111

4부 뿌리는 보이지 않는다

자유_115 / 공백_116 / 인생 커피_117
어둠 깊어가는 창가에서_118 / 그리고 내일_119
소감, 동백장_121 / 어둠을 가르는 전파_123 / 수잔 솔티_125
니가타의 바다_128 / 빵도 우유도_131 / 영웅 놀이_134
비장한 최후_136 / 풀이 푸른 나의 무덤은_137

제1부

구슬이 누나

고백

떠나던
나를 위해
아무도 울어준 이 없었습니다.
하지만 그곳은
내 나서
첫걸음 익힌 곳
못다 한 나의 사랑일지 모릅니다.

별 하나 나 하나

누구도
대신 못 할
너만의 궤도

네가
아니면 안 되는
밤하늘 그 자리

아무도
손댄 적 없는
그 별 바라보네

별 하나
나 하나
별 둘 나 둘

구슬이 누나

김구슬
1957년생

세월은 갔어도 내 마음에
열여덟 처녀로 인화된 누이.

동토의 땅에서
어른 같은 아이로 살아야 했던
나를 지켜준 고마운 누이.

※

한자명(名)이 득세하던 세월에
순우리말, 고운 이름이라던 구슬이

다섯 살 차이면 뭐 어때?
난 꼬맹이 때부터 놀려대곤 했어.

-구슬아, 구슬아 엄마가 밥 먹재.

남보다 일찍 부모를 여의고
어느 날 갑자기 고아가 됐을 때

눈물을 훔치던 구슬이
내 손 꼭 잡고 말했어
-이제부터 내가 엄마야.

갑자기 어른이 되어버린 그녀를
난, 놓치면 안 되는 생명줄처럼
그러안았어. 그리곤 펑펑 눈물을 흘렸어.

※

아침이면 부엌에서
달그락달그락 소리가 났어.

-죽 먹기도 힘든 배급에서
내 도시락 싸면 누난 굶는 거야?

그때마다

내 어깨 어루만지며 누난 말했어
-이제부터 내가 엄마라고 하질 않니.

※

교환기를 세 개나 거쳐야 했던 먼 지방 도시
3대 혁명 소조원으로 파견된 그녀의 목소리가
수화기 너머 들려왔어.

-입대한다지? 우리 꼬맹이 다 컸네.

-바래줄 거야?

-그럼, 바래주고 말고.

하지만 어둠 짙어가는 플랫폼에
그녀의 모습은 보이지 않았어.

쓸쓸하고 외롭던 입영의 길이여
기약 없는 10년간의 군 복무 시절이여

힘겨웠지만 이겨냈노라.
어려웠지만 견디어 냈노라.
지켜야 할 고향이었고 조국이었던
나의 사랑하는 구술이 누나를 위해

※

군관이 됐어.

편지야 어련했겠냐만
못 본 지 10년이야

행복하다던
당신의 편지는
언제나 자랑이 묻어 있었어.

부모님 친구였던 어느 번역 작가,
나도 아는 그분의 아들과 결혼해
아들딸 낳고 행복하게 산다는,
평양을 떠나 지방에 살아도

교육자의 영예 떨치며 오늘도 행복하다던.

※

휴가차라
챙길 것도 많았어.

조카 애들 선물 사탕에
사돈어른께 드릴 돋보기와 내복
귀했던 쌀 한 배낭도 제대로 둘러멨어.

하지만 그날
집에도 학교에도 당신은 없었어.

기억나 누나?
심심해서 들린 장마당 한구석에
쭈그리고 앉아 있던 당신을 보며
할 말을 잃었던 나를, 산 송장처럼 미동도 없이
당신도 나를 바라만 봤어.

도둑질하다 들킨 사람처럼
온몸을 부르르 떨었어.
입술은 파랗게 질려있었고
눈가엔 깊은 한숨이 고여 있었어.

※

나란히 앉았던
인적 없던 공원의
그 콘크리트 의자 생각나?

고단하고
슬픈 사람들이 스쳐 간
그 의자, 지금도 거기 있겠지?

세월의 때 덕지덕지 않은 의자에 앉아
금방 사고라도 칠듯한 내게 누난 말했지

-갑자기 나라 사정이 어려워졌잖니
 학교는 문을 닫았어도

이렇게 장사라도 하며 사는 게 얼마나 다행이야.

중국산 뜨개실, 푹신한 뜨개옷
한 벌만 팔면 한 달 치 월급이고
아버님 어머님 죽이라도 대접할 수 있다던

구슬픈 당신의 넋두리….

나서 처음 세상을 원망하고 또 원망했어.

※

지금도 미안해 누나

어릴 적
날 안아준 당신처럼
힘겨웠던 순간에
당신을 안아주지 못했던 것을

오히려 화만 냈던 내가

지금도 미워 죽을 것 같아.

용서할 수 없겠지?
고향이고 조국이라던 당신께
말도 없이, 밤 고양이처럼 떠나버린 나를
원망하고 욕을 해도 할 말이 없어

인제 그만
나를 잊고 살아.

어느 날

바람이 내게 말을 걸었어
가볍게, 너무 슬프게.

먼 곳에서 온 편지처럼
마음 문 조용히 두드렸어

흩날리는 낙엽을 거느리고
추억이란 이름의 길을 걸었어

함께 한 그 길에 남긴 발자국
아직 따스하게 가슴에 남아 있어.

"어디로 가는 거니?"
지금도 기억나는 그 한마디

바람은 말없이
눈가의 이슬을 닦아주었어.

오늘도 아프게 스치는
너인 것 같은 바람, 고개를 들어 하늘을 보았어.

아카시아

가시투성이의
마르고 야윈 가지
동구 밖 길이 끝나는 곳
겨울 한복판에서
추위에 떨던 겨울 아카시아

언제면 새싹 돋고 잎새 떨칠 거냐
고향의 겨울은 왜 지금도 추운 것이냐
봄, 여름, 가을을 아프게 삼켜버린
내 고향 아카시아
가시투성이의 겨울 아카시아.

아큐정전

일곱 살 나던 해
'날아다니는 배'를 읽었다
'원수님 어린 시절'은 저리 가라였다.

아버지가 내어주는 대로
번역 도서 아동문학편을 섭렵한 후
스스로 서재를 들락거렸다.
'테스'와 '제인 에어'
'몽테크리스토 백작'
오, '레미제라블'의 감동은 어린 마음을 쓰러뜨렸다.

오늘 못다 읽으면 죽을 것 같던
절박한 심정으로 읽고 또 읽던 책
노동당은 갑자기 불살라 버렸다
번역 도서 전체가 수정주의~얏!

혁명이 살기 위해 부르주아 사상을 타파한다는,
이해 불가의 목소리가 선전차에서 흘러나왔다.
마을 공터에 산처럼 쌓아놓은 인류의 유산이
음탕한 석유를 뒤집어쓰고 활활 타올랐다.

그날 아이들은 울었다.

아버지들은 회초리를 들고
우는 애들을 다스렸다.

샛별

밤 깊어
어둠 사위어 가는
먼 하늘, 날은 가도
망막함이 가슴 짓누르던
그 시절, 날과 날이 엇바뀌는
마지막 계선(界線)에서, 희망이 반짝였다
스스로 온몸을 태운 넋으로
내 마음 젖게 하던 밤하늘 샛별이여.

그리움

사랑하는 사람과 헤어지고 난 뒤에야

그제야 난, 당신이 사랑임을 알았습니다

묵묵히 꽃잎을 따다가 그 빈 꽃대를

버린 다음에야 고향이 그립다, 말을 합니다.

그렇게 나이를 먹어가고 버린 것이 아쉬울 즈음에

용기를 내어 속삭이는 말, 너무 늦지는 않았나요.

미워했던 그만큼 당신이 그립습니다.

미워하며 떠났던 당신입니다

화분에 담긴 꽃 한 촉이
시들어갈 무렵, 놓아버린 뒤로
잊을 만하면 다시 생각나는 당신은,
사랑인가요 미련인가요

더 이상 당신에게 미련이 없다면서
뒤도 안 보고 떠났던 내가
지금도 당신을 그리는 이유는,
설움 베어 문 불효 때문인가요.

아빠 생각

1
유별나단 소리를 들으면서도 나는,
자라서도 당신을 아빠라 불렀습니다.
'어버이 수령님을 모신 나라'에서
이상할 것 없는, 가족의 선택이었으니까요.

2
시인은 아니 된다고 하셨죠.
그러면서도 낚시터에서 시상을 떠올린다던 아버지,
따라 섰던 강이며 호수를 잊고 살다가
어느 날 나도, 느닷없이 낚시에 빠져버렸습니다.

3
꽃씨를 받아
화분에 옮기던 날
거추장스럽다 하시면서도 꽃삽을 쥐여주던 당신
아버지가 되어서도 그리운 당신입니다.

4
당신이 내게 남긴 것이란 색 바랜 책장 속,

번역 도서 몇 권이 전부였습니다.
떠나던 날, 당신의 영전에 드릴 게 없어
나는, 미완인 시 몇 편과 의미 없는 조국애를
당신의 무덤 곁에 묻어두었습니다.
그리고 떠난 조국은, 당신이 사랑한 만큼 사랑했나요.

5
아버지가 되어 불러보는 당신은
바다 같은 그리움입니다.
내 딸도 먼 훗날, 내가 그리운
바다였으면 좋겠습니다.

달걀밥

지금도 이따금….
어머니가 나를 부른다.

어릴 적 그날처럼 조용히 다가와 '달걀밥' 한 그릇을 차려주신다. 배급 날이 되면 당신은, 곯지도 남지도 않게 꼭 한 그릇의 쌀밥을 짓곤 하셨다. 그리고는 익어가는 흰쌀밥 위에 달걀 한 알을 까 넣으셨다. 조금 뜸을 들였다가 노랗게 익어가는 달걀 위에 기름 반 숟가락, 간장 한 숟가락을 넣고 정성스레 비빈 맛스런 그 밥을 김치 한 접시와 함께 밥상 위에 놓아주시곤 했다.

그래서 늘 기다려지던 '배급 주는 날'이었다.

이 '달걀밥'이야말로 누이 다섯 명을 제치고 외아들인 내게만 주는 어머니의 사랑이라 믿어 의심치 않았다. 때로 보이지 않아도 날이 밝으면 해가 뜬다는 사실을 기억하듯이 한 달에 두 번씩 꼭꼭 다가오는 배급 주는 날을 결코 잊은 적이 없다. 북한의 모든 어머니가 '조퇴'를 하든 '결근'을 하든 목숨 걸고 사수하는 그 '생존의 의미'는 알 길이 없었지만, 배급 날만 되면 만사를

제쳐놓고 집으로 달려오곤 했다.

그렇게 외아들인 내게 쌀밥 한 그릇을 지어주신 어머니는, 5대5로 배급받은 흰쌀과 잡곡을 모두 섞어 열다섯 개의 종이봉투에 정성스레 담아두시곤 했다. 그렇게 쪼개고 쪼갠 식량에 무슨 여유가 있었겠냐만 외아들인 나의 '달걀밥'을 위해 소중한 쌀 한 줌을 덜어내던 어머니가 보고 싶고 칠이 벗겨질 대로 벗겨진 어머니의 분신, 양은쟁개비가 오늘도 그립다.

탈북, 그리고 운명

영문도 모르는 아픔에 꿈틀거리다가
문득, 부러진 나무
사라져 버린 반생처럼
만질 수 없는 반분(半分)의 고통이
허공을 움켜잡고 아프게 운다.

속살을 하얗게 드러내고 통곡하는 나무
동무여
그 나무는 나였다, 너였다.
되돌릴 수 없는 분단의 슬픔 위에
오늘을 사는 우리의 운명이었다.

고운 세상

　유치원 시절의 기억은 오색종이에 머물러 있다. 다른 애들은 쉽게 접어내는 종이학을 나만 접어내지 못했다. 선생님의 실망스러운 눈초리가 나를 슬프게 했고 집에 와서도 어머니의 치맛자락에 눈물 콧물 닦아내곤 했다. 재주는 없으면서도, 남에게 지는 것이 늘 분했던 고집스러운 아이가 나였다.

　일 년이 지나 인민학교에 입학했다. 북한의 명문이란 이름에 걸맞게 '대동문 인민학교'란 금속판이 교문에 걸려 있던 학교였다. 그런데 여기서도 또 문제가 생겼다. '소년단'에 먼저 입단하는 애가 있는가 하면 반장과 부반장을 뽑는데 늘 나보다 먼저인 애들이 있었다. 이른바 간부 집 자녀들이었다.

　속은 상했지만, 학교 앞 담장만 넘어서면 편하고 고운 세상이 있었다. 오래된 문루(門樓) 아래 할아버지들이 장기 두는 소리가 세월을 이기고 있었고 버드나무 그늘 밑엔 야외용 이젤 앞에서 대동강의 경계(景槪)를 그리는 화가 지망생들이 늘 앉아 있었다. 간부도 없었고 간부자제도 있을 리 없었다.

그래서였는지는 몰라도, 눈이 오나 비가 오나, 묵묵히 한자리를 지키며 나를 반겨주던 '대동문(大同門)'과 '련광정(練光亭)'이 좋았다. 해가 지면 늘 우리의 차지가 되어버리던 '대동문'과 '련광정', 그 넉넉한 기둥엔 인생의 주인공이 되고자 애쓴 어느 소년의 낙서가 새겨져 있다.

청류벽(清流壁)

물이 휘어진 대로 나무가 따라서고
물 따라 강 따라 버드나무 따라
진줏빛 아스팔트가 휘익 달려가는

나도 달리던 그 길 어딘가쯤에서
숨돌리며 잠시 멈춰선 애들은
약속이나 한 듯이 기어올랐다

어른들이 한사코 말리던 그 절벽.
딱 중간쯤에 자라던 이름 모를 나무.
푸른 그 잎새 한 움큼 따서 누군가가 외쳤다

오늘부터 내가 대장이다!
그리고 비명횡사한 친구가
자주 떠오르는 이유를 아직도 모르겠다.

일천구백구십사년 칠월 팔일 새벽 두시
태양은 떨어지고 우레 울었다

비가 오나 눈이 오나 마음의 태양은 솟았다. 민족의! 만민의! 세기의 태양을 우러르며 내일의 희망을 버린 적 없다. 그 앞에 서면 모래알같이 느껴지던 나는 우주의 오타, 부족한 자신이 늘 슬펐고 부족한 만큼의 충성을 부모들은 소중한 가보처럼 물려주곤 했다.

그러던 어느 날 환상의 태양이 떨어져 버렸다. 질곡 같은 고민이 사라지던 날, 번개가 치고 우레는 울었다.

몹쓸 행군

고난의 행군 시절
눈보라 속에
몸은 굳었고
거리와 마을에
시체는 쌓였다.

기나긴 굶주림은
생명을 들에 버렸고
종 된 자의 고민은
천길만길, 나락으로
굴러떨어졌다.

탐욕스러운 횃불이여
불타올랐는가
가보처럼 물려받은
노예적 근성은
태양만 우러렀는가?

무법과 광란의 세월
그 몹쓸 행군을

이겨낸 사람들을
북조선의 영웅으로
세상은 기억하고 있다.

병사(兵士)의 자서전

산에 살다 고향으로 돌아온 인민군 병사(兵士)가 있었습니다. 누구를 찾느냐고 묻는 경비실 노인네 앞에서 머리만 긁적거리던 스물일곱 살의 제대군인 청년입니다.

4층 7호를 찾아왔는데요.

거기 누가 사는데?

귀뿌리가 빨개진 전사는 고개를 숙인 채 돌아섭니다. 그가 바친 석삼년 군사복무 기간에 고향 집이 모래성처럼 소멸하였다는 걸 모르지 않았던 젊은이입니다.

아버님과 어머님은 돌아가시고 누이들은 뿔뿔이 흩어져 가고, 유년의 웃음과 꿈마저 사라져 버린 스물세 평 작은 집은 얼굴도 모르는 심 아무개의 차지가 되어 버렸습니다.

첫 글을 익히던 조그마한 칠판과 그 곁에 놓여 있던 댑싸리 빗자루, 위험하리만치 가냘픈 어머니의 허리는 그 집 베란다에 늘 걸려 있었습니다. 순이야, 순자야, 얘, 진이야!

그 어머니 만날 듯싶어 추억의 모란봉을 오르고 오르는데, 아무도 만날 수 없던 고향의 산. 그 기슭에서 푸드덕, 꿩 한 마리가 솟구쳐 올랐습니다.

아픈 이별

강 건너
불 밝은 세상을 바라보면서도
송구했다, 정전이 일상인 암흑가
가슴 꽉 메는 눈물의 밧줄을
한 타래 또 한 타래 풀어 놓고
그 하늘, 그 땅에 작별을 고했다.

※

남의 땅, 남의 나라
도망이 일상이면서도
그 끝은 차라리 버림받은 곳
슬픈 미소가 어우러진
동구 밖 오솔길에 닿아있길 바랐다
어리석은 자여, 불행한 이방인이여.

※

삶의 순간마다
가슴 허비고 눈물 쏟게 한

꿈을 키운 곳이여 고향이여
왜곡된 역사와 무권리가 꿈틀대던
거리여 마을이여, 선생님이시여
통한의 아픔 사이로 피어나던 한 줄기 희망이여.

꿈

어젯밤 바람이 거셌습니다.
(아닙니다. 내 마음엔
바람 불지 않은 날 없습니다)
영문도 모르는 고통에 꿈틀거리다가
갈가리 찢어진 나무를 움켜잡았습니다
(속살이 허옇게 드러난 나무의 깊숙한 곳에서
보기에도 끔찍한 액체가 뚝뚝 떨어졌습니다)
만질 수 없는 심연(深淵)의 늪을 헤매고 또 헤맸습니다.
(남이 볼까 봐 입술을 깨어 물고 삼키는 눈물은
어제도 오늘도 그리움의 바다로 흘러갑니다)
길은 있어도 못 가는 내 고향, 전할 길 없는 내 노래
아픈 그 길을, 어젯밤 꿈에 나 홀로 걸었습니다.

꽃씨

황량한 들판
햇빛 등진 서러운 땅
메마른 음달에
사랑과 믿음의 씨를 뿌린다.

달을 보며

정월
대보름
달을 보며
소원을 비네
어머니
누워 계시는
산자락
이름 모를 풀들이
나를 부르네
시냇가에 피었던
봄 산딸기,
후드득
가슴 복판에 쌓이네.

제2부

한 음절 단어에서
파생되는 연상어

시내야

시내야, 이름처럼 고운 내 사랑아
별이 지는 새벽 소리 없이 시원을 열던
너의 첫 기슭으로 가자

기쁘게 떠난 곳에서 굴며 뒹굴며
바위를 넘어 쉼 없이 달려온 이곳
천야 만야 벼랑에 쏟아져도
자장가처럼 귀에 맴돌던, 신비로운 너의 이야기가 그립다.

종이 위에 흔들리는 작은 배처럼
물 위에 출렁이던 그림 같은 미소여
구름 비껴간 너의 젖가슴에 두 발 담그고
지는 달을 초조히 바라보던 그 그림 속으로 가고 싶어라.

쌀에 대하여

가을걷이가 시작되면서
들판은 서서히 몸통을 드러낸다.
받은 것만큼 주기로 한 천년의 약속
약속의 땅은 발자취 따라 길게 드러눕는다.
살붙이처럼 여겨지던 들판도
가을이 오면 밟히기 일쑤다
긴긴 여름의 터널을 지나
묵묵한 계절은 이삭을 선물한다.

※

사흘을 우려낸 푸성귀
산짐승이 핥다가 만 나무뿌리들
미궁 같은 가마 속에선
한 되의 보리쌀이 버무려진다.
누이의 정조와 맞바꾼 쌀이다
자식을 굶겨 죽인 아비면 어떠냐
매운 눈을 비벼가며 저녁연기를 피워 올려라.

※

쌀을 살리자는 사람들이 있다
죽어가는 모든 것 위에 유독
쌀이 살아야 하는 이유를 모르겠다.

기억하기

기억하기보다
잊는 게 더 쉽다는 세상을 살았다.

잊는 것보다
기억하기가 더 힘들다고 사람들은 수군거렸다.

잊는 것이 기억하기보다
백 배는 더 쉬웠던 것을

보일 듯 말 듯 미소 지으며
대동강의 노을처럼 멀리서 나를 부르는….

묻어 둔 설움아, 한숨아
고기가 물을 잊듯이, 새가 하늘을 잊듯이

기억하기보다 잊는 게 더 쉽다는 세상을
내가 살았다, 네가 살았다.

그 별자리 보며 울던 건 내가 아닌 너였어

그 별자리 보며
울던 건 내가 아닌 너였어.

새벽 공기는 차갑게
어깨 위로 스며들었고

젖은 내 어깨 위에 기댄
너의 숨소리를 세였어, 나는

손에 닿을 듯 별은 가까웠지만
한 줄기 빛조차 흐르지 않았어.

그 별자리 보며
울던 건 네가 아닌 나였어.

망각(忘却)

　구름을 헤치고 나온 달을 보고 해를 보며 너를 떠올리곤 했어. 아득히 바라보이는 고향하늘 아래, 살며시 다가오는 네 모습은 사무치는 그리움의 이정표였어. 그러던 어느 날, 구름 한 점 없는 햇빛 속에서 너를 그리는 법을 잊어버렸어. 바다는 북으로 흐르고 흐르건만, 먼지 속에 묻힌 옛 사진처럼 희미해지는 네 모습 아픈 줄도 모르고 사라져 가는, 이 큰일 날 지경을 나는 오늘도 헤매고 있어.

미련한 자의 생각은 죄

괜찮아.
난 아버지보다
오래 살았어.

아버지보다
더 넓은 하늘을
품어 보았어.

그렇게
스무 번만 말해
다른 이들에겐 이백 번을 외쳐

발밑의 계단이
흔들려도 좋아
봄풀 돋는 세상에 난 외롭지 않아

경계
  −두만강을 건널 때 살아왔던 모든 것이 사라져 버렸다

두만강을 건널 때
내가 알던 모든 것이 사라져 버렸다

선물 사탕, 선물 과자 그 달콤한 배려

무상과 무료의 현란한 구호며
지키면 승리한다는 제도의 위대함

오늘을 위한 오늘에 살지 말고
내일을 위한 오늘에 살자는 그 현란한 구호도

담배 연기 속, 아버지의 한숨처럼 사라져 버렸다.

바로 그때 개가 짖었다
강 건너 저편에서

쌀밥도 마다한다는 개들이
무섭게 짖고 있었다.

시인 김순석

떠나온 그 나라에 워낙 영웅들이 많아서 아버지의 이야기는 시시하다고 생각했다. 작가들이 모여 사는 대동강변의 작가아파트에 살았지만 그곳엔 아버지보다 훨씬 명망 높은 작가들이 살고 있어서 추억이라 할 것도 별로 없었다. 그랬던 아버지의 이름을 남조선의 위키백과라는 곳에서 발견하게 되었다. 나도 몰랐던 이야기가 꽤 있었다. 그리고 여기, 기회다 싶어 그대로 옮기기로 했다.

김순석(金淳石, 1922년 10월 28일~1974년 12월 26일) 조선민주주의인민공화국 시인이다.

해방 전

1922년 10월 28일(일부 자료에는 1921년 10월 28일로 나와 있음) 함경북도 나남시 수남리(현재의 함경북도 청진시 라남구역 일대)에서 태어났다. 빈농이던 김순석 일가는 가난 때문에 1934년 북간도로 이주하여 김순석은 북간도에서 7년간 살았다. 그는 윤동주의 고향이기도 한 용정의 한 사립중학교를 다녔다. 중학교 시절부터 글 읽기, 글짓기를 좋아해 많은 시를 습작

하였다.

해방 후부터 한국 전쟁기까지

해방 이후 창작 활동을 다시 개시하였고, 함경북도 문예총 조직에 참여했다. 당시 문우들의 도움으로 「산향」, 「보리 베는 처녀」 등을 발표했다. 첫 시집 『새날의 서정』을 간행하려고 했으나 폭격으로 원고가 소실되었다. 전쟁 중에는 함경북도 문예총 위원장으로 활동하면서 「어랑천」 등의 작품을 발표했다. 전쟁 시기 고향 함경북도 사람들의 투쟁 모습을 형상화한 시들을 썼고, 이 시들을 모아 시집 『영웅의 땅』을 출간했다.

소련 여행

휴전 후 1년이 채 지나지 않은 1954년 4년 26일 소련작가동맹 초청으로 소련을 방문해 조선민주주의인민공화국의 조선 작가 대표단의 일원으로 3개월간 소련 각지를 여행했다. 방문 기간 중 소련작가동맹 쉬빠쵸브와 교류한 사건은 그의 시 창작에 새로운 전기를 열어주었다. 그는 쉬빠쵸브와 만나서 나눈 담화를 정리해 「서정시에 대한 담화」라는 글로 자신이 편집위원으로 있었던 『조선 문학』 1954년 8월호에 발표하기도 하였다. 1955년에는 소련 방문 때 조소친선에 대해 적었던 시들을 모아 『찌플리스의 등잔불』을 간행하였다.

소련 여행은 그의 향토적 미의식이 가장 잘 드러나는 시집 『황금의 땅』에도 영향을 끼쳤다.

1950년대

이 시기 그는 대표 시집인 『황금의 땅』 집필에 한창 집중하고 있었다. 1956년부터 조선작가동맹 중앙위원회 시분과 위원장으로 활동했다. 그는 창작 지도의 중심 방향으로 "매개 시인들이 독자적이고 개성적인 목소리로 도식주의를 타파하고 조선의 시문학사에 다양하고 풍부한 쓰찔로써 우리문학의 보다 높은 양양을 기하기 위한 방향에서 사업을 추진시켜야 한다"고 밝혔다.

『황금의 땅』 출간과 지방으로의 좌천

1958년 1월에 시집 『황금의 땅』을 출간하였다. 이 시집은 김순석의 전반 창작에서 가장 중요한 작품집으로 평가받는다. 이 시집에는 전후 시기 농촌의 사회주의적 개조 활동에 참여한 경험을 토대로 쓰여진 다수의 시가 실려있다.

그러나 그해 10월 14일 김일성이 '작가 예술인들 속에서 낡은 사상 잔재를 반대하는 투쟁을 힘 있게 벌일 데 대한 교시'를 내리자, 조선민주주의인민공화국 시단은 치열한 사상 투쟁이 벌어지게 된다. 김순석 역시

여기서 자유롭지 못했고, 1958년 12월 27일 조선작가동맹 중앙위원회에서 시분과 위원장 직위에서 해임됐고, 1959년 초부터는 부르주아 의식을 청산하지 못한 배부른 개인 취미로 시를 쓰는 작가로 혹독한 비판을 받고, 희천 공작기계공장으로 노동 개조를 받으러 좌천되었다. 이후로도 김순석에 대한 비판은 계속돼 1959년 5월에는 '소부르주아적 개인 취미에 떨어졌다'는 비판을 받았다. 이후로는 정식 시집을 내지 못하고 몇 편의 시 단편만 발표하게 됐다.

1960년대
1962년부터 1968년까지 김일성종합대학에서 시 창작 강의를 담당했으며 이후에는 희천 공작기계공장 현지 파견 작가로 활동했다.

사망
1974년 12월 16일 김순석은 한국 나이 53세(만 52세)로 짧은 생을 마쳤다.

조선민주주의인민공화국 내부 평가
일반적으로 순수한 개인의 서정을 되도록 배제하려고 했던 반면 김순석은 매우 독특하게도 사상성과는 거리가 먼 개인적이면서도 심미적인 시를 많이 썼다.

때문에 현재도 내부적으로 그에 대한 평가는 엇갈리고 있다고 한다. 1950년대 중반까지 그는 조선민주주의인민공화국 시단에서 개성 있는 시인으로 평가받았지만, 1959년 반부르주아 투쟁 광풍이 시단에 불어닥치자 '부르주아적 사고에 물든 시인'이라는 매우 혹독한 평가를 받아야 했다.

조선민주주의인민공화국 외부에서의 평가

대한민국에서는 김순석을 높게 평가하는 시각이 다수 존재한다. 문학과 지성사에서 나온 『북한 문학』에서는 김순석을 북측 최고의 시인으로 꼽아도 무리가 없을 것 같다고 극찬하였고, (중략) 중국 연태대학교 한국어학과 김영수 교수 역시 그의 논문에서 김순석을 북한 시 60년 역사에서 매우 독특한 위치를 차지하고 있는 시인으로 보았다.

김순석 시문학의 의의

첫째 조선민주주의인민공화국 출신 시인들 속에는 흔하지 않은, 가장 특색있고 예술 감각이 돋보이는 시편들을 썼다. 둘째 그의 작품 세계는 방언과 아름다운 순우리말을 바탕으로 한 짙은 향토적 색채를 띠고 있다. 셋째 3.4조, 4.4조의 민족적 음수율과 고전적 어투의 언어리듬감각, 종결어미 등을 작가적 개성과 함께 결합하여 효과적으로 사용하여 한민족 전통 시가의 정서와 품격이 드러나는 시를 썼다. 넷째, 조선조 시조의 여유로움과 운치를 계승하는듯한 특징이 엿보인다. 다섯째, 김소월의 사랑시를 연상시키는 시가 있는데, 그 속에는 운율, 표현형식 면에서 민족전통시가와의 맥락을 다분히 공유하고 있다. 여섯째 북한문학이 취급하기 꺼려하였던 대담한 주제와 제재를 도입하려고 했다.

시집
『영웅의 땅』(1953)
『찌플래스의 등잔불』(1955)
『황금의 땅』(1958. 1)
『호수가의 모닥불』

한 음절 단어에서 파생되는 연상어

'해'와 '별'
수령과 당

'물'과 '불'
맹세와 충성

'눈'과 '쌀'
추위와 굶주림

세뇌(洗腦)가 승리한
지상낙원을 향해

차렷! 경렛!

제3부

그늘 속 행복

우리 집 금붕어, 네가 흙난주였다는 걸 남조선에 와서야 알았어

왕관을 뒤집어쓴 것 같아 금붕어의 왕이라 부른다는 흙난주, 제법 잘생긴 녀석이었는데 '싸그쟁이'를 너무 먹어치워 확~죽여버릴까 생각한 적도 있었습니다. 고향 모란봉 골짜기, 케케묵은 물웅덩이에서 자라던 그 '싸그쟁이'가 언제부터 우리 집 금붕어의 먹이가 되었는지는 생각이 안 나지만, 하루도 빠짐없이 모란봉을 오르던 건 지금 생각해도 고역이었습니다. 인민학교 2학년 땐가, 두 눈 딱 감고 엄마에게 말 했습니다. "일원이면 반 고뿌(컵)고 이원이면 한 고뿌래. 앞으론 산에 안 가고 공부만 할 수 있잖아." 며칠을 졸라댄 끝에 보물처럼 안고 온 일만 마리 정도의 '싸그쟁이'를 흙난주는, 순식간에 삼켜버렸고 눈앞의 현실이 믿어지지 않아 나는 한동안 쩍 벌린 입을 다물지 못했습니다. 중학교를 졸업하던 해 '싸그쟁이'가 흙난주 따위의 먹잇감으로만 존재한다는 사실을 알게 되면서 참 불쌍하단 생각이 들었습니다. 그러면서도 '싸그쟁이'를 팔아 돈 버는 어른들이 부러웠고 나는 크면 지금보다 열 배는 더 큰 싸그쟁이를 양식해 부자가 되리란 생각을 품기도 했습니다. 흙난주의 탐욕에 기생하던 어른도, 아이도, 불쌍한 세월을 살았고 살고 있다는 생각이 지금도 어른거립니다.

※싸그쟁이: 물벼룩의 북한어. 늪이나 물웅덩이 따위에서 사는 작은 벌레의 일종. 껍데기는 달걀 모양이고 투명하지 않으며 겹눈이 크다. 물고기 먹이로 쓰며 양어장에서 번식을 시키기도 한다.

일기 쓰기

최근부터 일기 쓰기를 다시 한다.
오늘에 대해서가 아니라 지난날들에 대한 정리다.

기쁜 날과 슬픈 날을 따로 구분하지 않는다.
잊음의 훈련이라 믿으며 작은 기억까지 되살려낸다.

지나온 도망자의 여정과 그 벌판의 눈보라와
삶의 끝자락을 붙잡고 몸부림친 과거와 싸우고 또 싸운다.

자화상

덕지덕지
아집 묻어 있는
일그러진 귀
살기 번뜩이는 눈이며
제대로 된 숨 한번 쉬어보지 못한
코, 입은 입대로 거짓에 충만해 있고
일그러진 얼굴엔 고통만 가득하더라.

자화상 2

너의 영혼은 무슨 빛이냐
푸른 별처럼 되살아났다가
꺼지기 일쑤인 너의 눈동자
사위여 가는 세월의 모닥불처럼
생명의 빛도 소멸하나니
무상한 들녘, 쓸쓸한 그림자여.

자화상 3

이별의 아픔은 눈가에 머물러 있고
상실의 고통은 입가에 물들어 있습니다.
푸른 별처럼 되살아났다가 사위어 가는 것
당신을 향한 마지막 미소일지 모릅니다.

자화상 4

숲길에 잎들이 쌓인다
내 삶의 껍질들이 벗겨져 날린다
생각은 나락으로 떨어지고 작아진 나는
세월의 한 갈래길에 서성이고 있다
방황하는 자신을 확인이라도 하듯
쓴 소주잔 빈속에 털어 넣을 때
저미는 아픔, 미어지는 그리움의 침묵 속에
삶의 의미, 그 한 조각이 노을에 젖는다

고향의 거리

발길로 차고
목을 조여도
순종을 미덕으로 아는,

먹이를
주지 않는 데 대한
사슬로
비끄러매는 데 대한

개의, 개 같은
가공한 부르짖음
인내의 멍에를
억척같이 끄을~며

죽지만 말자,
사람이 개처럼 사는 그 거리.

민들레

먹는 자
밝는 자
먹다가 파래진 사람
밝다가 돌 맞은 사람

중간은 없다
전자였는가
후자였는가
이슬 맺힌 민들레

꽃씨가 난다.

엄마 생각

쫓기듯 고향을 떠날 때
마음속의 흙 한 줌 고이 얹어 드린 어머니
나, 어머니를 생각하면
깊은 밤 뜨개질 소리가 들려옵니다.

넘어져 우는 자식에겐
그리도 엄하시던 당신이건만
이웃집 창가의 화분 하나에도
그리 마음 쓰시던 어머니

생각하면 모란봉 기슭의 개나리가
하얗게 피어오릅니다, 세월이 그 자리에
우뚝 멈추어 섭니다, 손수 지으신 모시 적삼 차림으로
대동강 기슭에서 언제나 웃으십니다.

타향 아닌 타향에서
때 없이 불러보는 어머니
나, 어머니를 생각하면
속눈썹 가지런한 눈시울을 좁히시며
오늘도 미소하는 당신입니다.

눈이 온다

1
눈이 온다.
반갑게 그리던
연인과의 즐거운 만남같이
캄캄한 기쁨 속에 눈이 내린다.

2
눈이 온다.
시름에 찬 마음
저무는 시대의 시름 깊은 창궁(蒼穹)에서
소원 같은 호소 같은 흰 눈이 내리다.

3
눈이 온다.
붉은 눈이 온다는 무서운 소문을
조용히 밀어내며
흰 눈이 온다.

탈북의 의미

생존을 위한 짐승의 본능을 넘어 살아왔던 세상의 거짓에서 벗어나 세상과 마주한 눈물겨운 용기. 존재의 의미를 부여받은 인간의 경험과 '민주주의 인민공화국'의 역설에 맞선 일생일대의 모험이었고 사투였음을 고백합니다.

동시에, 사랑하는 이들과의 가슴 미어지는 이별이었고 나서자란 고향 산천을 멀리한 인생의 도피였음을 자인하지 않을 수 없습니다. 외아들인 내가 아니면 부모님 산소는 누가 지켜드릴까…. 지금도 고민의 멍에를 끌고 있습니다.

자유를 향한 몸부림이었다고 더 이상 자신을 미화하고 싶지 않습니다.

개명

나의 이름을 내가 헛갈릴 때가 있다
삶이 뒤바뀔 때마다 달라져야 했던 이름이다
개코같던 어린 날의 이름은
누군가의 이름과 같다고 해서 빼앗겨 버렸다
별로 아깝지도 않던 첫 번째 개명은
도망병 시절 추격자의 총구 앞에 와락 던져 버렸다
아무것도 없던 타향 시절 이름만은 가지고 싶어
스스로 지었던 이름도 있다, 슬펐던 시절의 대명사여서
슬그머니 묻어버린, 그리고는 새 이름으로
새로운 삶과 뜨겁게 악수했다, 그런데 문제는
그 많은 이름을 일일이 기억하는 사람들이 있다는 것이다
외진 골짜기 지렁이도 관심 보이지 않던 그 이름들
그래서 늘 하는 생각인데, 죽어서 남길 이름이
인제는 있어야겠다.

쏜, 살

 소리치는 아픔을 뒤에 남기고 살은 난다. 천년 같은 순간을 넘어 던지는 몸, 여한이 없다. 돌아볼 수 없고 의지할 곳 없음에 흔들리지 않는다. 몸서리치는 환희의 순간에, 너는 살아라.

좋은 아침

창가에 스며드는
부드러운 빛살 하나
살며시 스며들어
새날을 선물한다.

잠에서 깨어난
나무 잎새 사이로
이슬 반짝인다.
싱그럽기까지 한 아침이다

아침을 마시자
이 좋은 아침을
한 줌 햇살도 시원한 공기도
고맙다, 참 좋은 아침이다.

공

푸른 잔디 위에서
때로 모래 불 위에서
아프게 밟히다가 마구 뒹굴다가
문득 희망으로 솟구치는 공

가볍지 않다.

아웃사이더

어디로 가야 할지 모르겠다. 이정표를 잃은 여행자가 되어버렸다. 과거를 등에 지고 새로운 길을 나서야 하는 방랑자의 운명 앞에서 잠시 숨을 고른다. 가슴이 시리다. 익숙했던 모든 것을 뒤로하고 낯선 사람, 낯선 환경과 부딪쳐야 한다. 옳다고 믿어왔던 작은 습관들까지 마음속 상처가 되어버린다. 나도 이 사회의 구성원이 될 수 있을까…. 이 땅에서 살아갈 이유를 찾는 게 급선무란 생각이 드는가 하면, '남조선 사회'가 탈북자인 나를, 필요로 하지 않을 수도 있다는 생각에 마음은 다시 심란해진다. 혼자이거나 동떨어져 있다는 느낌, 거대한 열차의 보조석에 앉아 창밖의 풍경을 멍하니 바라보는 듯한 기분, 그때마다 마음 한구석이 시큰거린다. 때로 본능에 의존해야만 하는 자신의 처지가 안쓰러워 때론, 모든 것을 남 탓으로 돌리기도 한다.

문

왜 한번 걸어 잠그면
열리질 않지?

왜 이웃들의 얼굴조차
모르고 살지?

왜 옆집에서 고성이 터져도
상관없는 일이라 외면하는 거지?

왜 나도 문 관리 잘하면
서울 사람 될 수 있을 거야.

사람이 왔다

서울살이
일주일도 채 못 넘긴 어느 날
내가 사는 임대주택에 초인종 소리가 울렸다.

누굴까
약속 없이 찾아온 사람
뜻밖의 기척이어서 더 반가운 그 사람

스스럼없이 들어서서
방안을 빙 둘러보며 인사를 건넨다.
'잘 오셨습니다. 새 집들이를 축하합니다'

공무원 스타일은 아니고···.
고개를 갸웃거리는 내 마음 안다는 듯
그가 건넨 말, 모 신문사의 외판원이란다.

공작원처럼
목소리를 깔아버린다, 은밀하게
'우선 저희 신문사에서 드리는 선물을 가져왔습니다.'

최고급 찻잔 세트며 선풍기가 공짜
대한민국이 인정한 케이에스 마크를
강조하고 또 강조한다, 이렇게 호감이 갈 수가 없다.

'우리 신문의 영원한 고객'이 되는 기념으로!
수십 년 전통을 가진 OO신문이며 민족의 넋을 자랑하는
OO신문까지, 6개월 무료구독권이란 말도, 들으니 처음이다.

선택을 고민하는 나의 마음에 쏙 들어왔다.
'신문을 여러 개 받으면 좋으니까요. 어차피 6개월은 공짜가 아닙니까.
꼭 보세요, 보시는 것 자체가 교양의 완성입니다'

그렇게 외로웠던 나를 찾아온 사람들
가스관을 연결해 주고 노화 방지를 위해
하루 한 잔의 우유를 권장한 아주머니까지.

종교의 자유를 강조하며

성경과 불경을 들고 문을 두드린 전도자들….
내 삶에 스며들어 내일로 안내하는 초인종 소리다.

신세계

'남조선'에 왔을 때 산에 나무가 있는 게 신기했습니다. 수도꼭지를 틀면 찬물 더운물이 콸콸 나오고, 버튼만 누르면 구들이 뜨뜻해지는 게 또한 신기했습니다. '적응 교육' 기간에 처음 맛보았던 바나나와 감귤과 갖가지 음료수들, 어느 날 '조사관'에게 '남조선엔 이런 음료수가 몇 개나 되는가'고 물어본 적도 있습니다. 뜻밖에 '미친 x' 소리를 듣고 얼굴이 빨개졌고, 그날부터 지금까지 오기를 부립니다. 매일 매일 음료수를 바꿔대고 있는데 죽을 때까지, 이 나라에 넘쳐나는 음료수를 다 마셔보지 못할 것 같습니다. 없거나, 하나뿐이어서 귀하고 소중했던 것들이 차고 넘치는 나라…. TV의 채널을 세다가 잠든 적도 있고 우리 집 창문이 몇 개인지를 세다가 왈칵 눈물을 쏟은 적도 있습니다. 대통령 생일 따원 몰라도 된다지만, 대통령의 아버지에 할아버지에, 증조할아버지 생일까지 경축하며 살아왔던 고향 생각에 오늘도 먹먹한 가슴을 쓸어내립니다.

동작대교 위에서

다리 위를 걷는다
강물이 비껴간다.
잿빛 연기 속에
차들이 질주한다.
어디선가 굴러온
흰 종이 하나가
달리는 바퀴 밑에
몸을 던진다.
정체를 알 수 없는
바람 소리로부터
차창 속 번들거리는
눈빛들로부터
방황하는 자신이 밉다.
또 밉다, 쫓기듯 다급한 마음에
불쑥 떠오르는 고향의 다리.

※

옥류교를 아시나요? 내 고향 평양의 대동강 변엔 배고픈 사람들의 눈뿌리를 슬며시 부여잡는… 옥류

관이 있습니다. 그 야외식당 난간에 서면 손에 닿을 듯한 거리에 무지개처럼 놓여 있는 다리가 있답니다. 열두 개 교각 밑에 구슬같이 맑은 물이 흐른다 해서 옛사람들이 지어낸 이름이 옥류교라 했던가요? 집에서 학교로, 학교에서 집으로 매일같이 건너던 다리인데 길이는 팔백 미터, 너비는 이십 미터, 자동차 다섯 대가 너끈히 지나다닐 수 있는 내 고향의 둘도 없는 자랑이랍니다. 어려서 학교 갈 땐 어머니가 한끝에서 손을 흔들어주셨고 학교에서 집으로 돌아갈 땐 또 다른 끝에 선생님이 늘 서 계셨습니다. 커서 군대 갈 때 그 다리 머릿돌 모서리에 이름 석 자 적어놓았다가 관리원 영감한테 뒤통수 얻어맞던 일도 있고 친구들과 옹노를 놓아 강 비둘기 잡아먹던 기억도, 어느 난간 끝에 매달려 있거든요. 멀리멀리 떠날 때요, 도망치듯 고향을 떠날 땐 그놈의 다리가 얼마나 길어 보이던지… 예까지 닿아있다면 누가 믿으시겠나요?

촌놈

　시골 아줌마 무릎 아래서 이리저리 풀려버리는 실타래처럼, 이 구석 저 구석 바닥만 헤매는 어눌한 말투, 툭 하고 잡아당기면 딸려오는 듯하다가 다시 구석에 처박히는 못 배운 자의 말투가 특징인, 구름에 흔들리는 들고양이의 눈빛처럼 세상을 살면서 세상을 믿지 못하는, 갈래 많은 곳 누구라도 주춤하는 곳에서 길을 물을 때 귀뿌리가 빨개지는 나는 촌놈이다, 동네 슈퍼에서 제 돈 내고 제 물건 사면서도 훔친 듯 달음박질치는 놈, 소주는 컵으로 마시고 음료수는 병째로 마셔야 직성이 풀린다는 놈, 대리석 바닥에선 헛다리 짚다가도 어쩌다 만나는 시골길에선 그리도 태평인 산에 살던 놈, 들에 살던 놈, 길이 없어 고향을 못 잊는 놈아.

비원

　비원(祕苑)에 간다. 밤새 내린 비로 제법 쌀쌀해진 듯한 날씨다. 코트 차림이면 제격일 것이라는 생각이 든다. 검은 우산과 나란히 있던 남색 우산을 들었다. 버스를 타고 가면서 자꾸만 우산의 색깔에 마음이 쓰인다. 들고 있던 우산을 좌석 한쪽으로 슬그머니 밀어 넣는다. 용기가 별로 없는 나를 발견하며 조금은 속상해진다. 많은 이들이 함께 내렸지만 나 하나만이 안으로 들어간다. 이른 아침이어서인지, 표 파는 처녀애가 자꾸만 나의 뒷머리와 우산을 갸우뚱 쳐다보는 것 같다. 그래도 나는 안으로 들어간다. 가을이 익어 가는데도 비원(祕苑)의 나무들은 아직 파랗다. 파란 이파리와 밤빛 줄기들이 뻗어 하나의 터널을 이루어, 나무 터널 속으로 들어가는 것 같은 기분이 든다. 파란 이파리에 빗방울이 매달려 있다. 호박잎 같은 널따란 잎에 떨어지는 빗소리와 가느다란 잎에 떨어지는 빗소리가 다르다. 빗소리 사이로 발걸음 소리가 송구하다.

엘리베이터

시퍼런 대낮에
점검이라니?
그 한 시간을 견디지 못해
걸어서 오르고 걸어서 내렸다
욕설을 입에 문 고통의 순간이여

　　　　　※

북, 강원도 동명 산의 40층짜리
철도성 아파트엔 그것이 없었다.
설계에서조차 빠져버린 엘리베이터
군인이었음에도 열 번 나마 쉬어 올랐다
누이의 집, 다시 찾을 엄두가 나지 않았다.

　　　　　※

1시간 정전도 뉴스가 되는
이 땅의 고마움을 잊기가 일쑤다.
일상의 행복에 묻힐까 두렵다.

봄, 그리고 여름

잎새마다
영광이 푸르다.
하늘을 향한
감격의 싹이 물든다.
창턱에 기어오르는 햇살같이
발볌발볌 신록의 계절이 왔느냐?
높게 들린 하늘 아래 풀이 푸르다

이 봄 가고
여름이 오면
세월에 맞서는
고목을 껴안고
태양처럼 타오르는
숲을 거머쥐리
신나는 계절의 의미는
더 새로워질 것이외다.

숫자의 의미

통장과
카드의
안전번호

내 집
출입문과
사무실의
비밀번호

회원제 사이트엔
인증번호가 필수고
사는 곳의 우편번호도
기억해야 해야 한다

주민증 번호도
외워야 하고
마누라 전번 정도는
기억해야 하는 세상을 살다가

문득 떠오르는 총번호

조선노동당 당원증 번호
그런 내가,
부모님 생일은 잊기가 일쑤다.

굴뚝 연가

양천로의
굴뚝 몇 개가
구름 같은 연기를
꾸역꾸역 토해낸다.

하늘 아래
또 다른 고뇌를 이고
인간의 부산물을
삼키고 또 삼킨다.

주변을
의식하지 않는
단단한
침묵이 경이롭다.

고르지 않은 숨결로
자신만의 그림자를 만들어 내는
가늠 못 할 묵계가
시큰하다.

그 여름을 내가 살았다

플라타너스에선
벌써 낙엽이 지고 있다
너도 여름을 떠나고 싶었나 보다

뭐니 뭐니 해도 싫은 건
지하철 환승역의 땀내였다
쫓기는듯한 발걸음 소리

웃음 한 점 묻어 있지 않은 얼굴들
어깨라도 닿을까 싶으면
무섭게 이글거리던 시선

맹목적인 속도와
자신만을 위한 감각과
출구를 찾는 역함이 토해내는

그, 바닥 냄새
나도 지상에
커다란 궁전 하나쯤 쌓고 싶었다.

목타는 그리움으로
땅을 갈고 흙을 이겨서
바람과 구름과 푸른 하늘에

미소할 수 있는
이방인의 보금자리
더 이상 부러워 울지 않는

영혼의 성당
이제 소원만 남긴
긴 여름에서 도망한다

김 사장, 홍 사장, 독고 사장의 거짓말

거짓말을 입에 달고 사는 사람들이다
만날 때마다 좋아하는 음식이 뭐냐고 묻는다
다음에 식사 한 끼 하자는 말도 빼놓은 적 없다.

다시 만나도 같은 말을 반복한다.
여름에 했던 말을 기억하지 못하고
가을에 했던 말을 다시 또 반복한다.

어쩌다 '약속'이 성사되는 날이면
일주일 전부터 전화통에 불이 난다.
시간에 장소에 음식 메뉴에 감당할 재간이 없다.

그렇게 세상살이 알아갈 무렵에
고향 후배의 직빵을 듣고 놀라버렸다.
밥 언제 사요? 순 거짓말장이네!

인간의 증명

가진 것 위에
조금만 더 얹어주면 알 수 있다
사람이 무너지는 이유
나보다 높은 곳에 너를 세우면
또 하나 인생을 선물로 받는다.

신들메*

매일 아침
집을 나서기 전
신발 끈을 고쳐 맵니다
오늘이 아닌 내일에 살자는
다짐의 끈이올시다.

※마음의 끈, 북한어.

서울의 눈(雪)

별도 보이지 않는
수상한 하늘에서 내리는 눈이다
게다가, 잠든 사이에 눈이 쌓이면
배신감도 쌓이는, 서울의 삶이다.

꽃의 언어

미소와 향기로 족하는
너의 미소, 그리고 무성(無聲)….

소란한 맹세와 신들린 의리
쩡쩡 울리는 백 마디 장담보다

너의 향기가 좋더라.

넌 나에게

아침 이슬 머금은
초록 잎사귀처럼
내 맘에 살랑살랑 닿아.

종이배를 띄우면
어디든 닿을 것 같은
네 마음 강물 같아

오늘도 넌 나에게
커피 한잔의 위로가 되어
노을 물든 창가에 머물러 있어.

자기소개서

평양에서 17년
황해도, 군인으로 19년
탈북 후, 중국에서 3년
그리곤 26년간 서울에서 살았습니다.

그러고 보니
나는 서울 사람이외다.

극과 극

전 인민군 260군 부대 예술선전대 작가
현 대한민국 서울, 자유북한방송국 작가

군사선동의 1선에서 20여 년을 살았고
자유 언론의 1선에서 20여 년을 살았습니다.

극과 극을 오가며 치열하게 살았던 건
세뇌됐던 내가 거짓을 깨달았기 때문입니다.

참, 후회 없을 삶을 살았던 것 같습니다.

스승의 시

지루한 밤 가고
아침은 온 것 같건만
다가오는 저 구름은 무엇일까.
영원한 밤길 안내하려는 사자(死者)가 아닐까.
이 세상 하직할 때가 온 것 같다.
영 이별의 시각이 온 것 같다.
값없이 흘러간 시절과 헤어짐은 아까울 것 없건만
밝은 앞날 보려는 미련한 마음 달랠 길 없어
사랑하는 사람들은 어떻게 하고 가나?
걸머지고 걸어온 보따리는 누구에게 맡기고 가나?
정든 산천과 갈라진 겨레도 눈물을 재촉하네.
때는 이미 늦었건만
삶을 안겨 준 거룩한 뜻 정성 다해 받들고 갈 뿐.

※

한때 고 황장엽 전 노동당 비서를 모시고 일한 바 있습니다. 어느 날 그분께서 친필로 쓰신 시 한 편을 제게 주시면서 이렇게 말씀하셨습니다. "평생에 시라는 걸 처음 써 봤는데…. 북에서도 남에서도 시를 배운 사람이니 한번 다듬어 봐요." 어리석게도 저는 속으로, 이렇게 말씀드렸습니다. "선생님 이건 시라고 말씀드리기 어렵습니다" 그리곤 선생님께서 돌아가실 때까지 손댈 생각조차 하지 않았습니다. 이후 선생님께서 돌아가시고, 시를 본 주변 사람들이 눈시울 붉힐 때 저도 눈물을 흘렸습니다. 참, 그날 선생님께선 이런 말씀도 남기셨습니다. "내가 남조선에 와서 제일 좋아한 사람이 김동길, 조갑제, 이동복 선생이야. 대한민국을 제일로 사랑하는 신념 있는 원로들이지. 내가 없더라도 아버지처럼 잘 모시라고" 세상에서 가장 아름다운 시를 남기셨고 가장 큰 안목을 지닌 그분의 뜻을 지금도 헤아릴 길이 없습니다.

어느 탈북자의 기도

행복하면 행복에 젖어
두고 온 고향하늘 우러릅니다.
나, 누리는 행복의 소중함을
한시도 잊지 않게 해 주소서
나를 품어준 대한민국의 소중함을
꿈에도 잊지 않게 해 주소서

굶어 죽은 자식 앞에서
흘리던 눈물을 채 닦아내기도 전에
사회주의 승리를 위한 전투가 강요되고
맹목적인 충성경쟁을 벌여야만 했던
암흑의 땅, 그런 북한에 비해 대한민국이
덜 살기 좋은 나라라고 우겨대는 그런 사람들 없도록 해 주소서.

이 나라의 안위를 위해 있고 또 있어야 할
주한미군 철수와 국가보안법 폐지를 주장하는 이들
촛불의 광란을 연출하는 사람들이 더 이상 나오지
않게 해 주시고
정체 모를 한반도기가 서울 상공에 나부끼고

노동당이 만들어 낸 우리민족끼리의 선정적인 구호가
한반도를 뒤덮는 오늘의 악몽을 여기서 멈추게 해 주소서.

무료교육과 무상치료를 주장하다가
지리멸렬하는 북한을 바라보면서도
무상과 무료를 외치는 얼빠진 자들이
더 이상 늘어나지 않도록 해 주시고
독재자를 숭배하다 정신마저 놓아버린 자들이
이 나라 신성한 법정에서 김정일 만세를 외치지 못하도록 해 주소서.

자유와 통일을 소원하고 기도합니다.

끝 눈

이젠
마지막일 거야
그렇게 믿고 싶어
바라보는 사이
눈은 내렸고
내려서 쌓였다
저무는 시대
검푸른 하늘에서
발악처럼 쏟아지는
세월의 끝눈
눈이 내리면
하늘은 더 맑아질 거야.

시(時)의 생리

고난에 시달리면서
재난에 부대끼면서
꿋꿋이 맞받아 나가는 것

속세의 잔 싸움을 멀리 에돌아
구름처럼 자유롭게 떠다니는 것

밟히고 넘어지고
망각에 묻히고
그리고는 또다시 일어나는 것

선조의 유훈엔 향불로 타는 것
목숨 건 싸움에선 장검이 되어
영광의 제단에 바쳐지는 것

제4부

뿌리는 보이지 않는다

자유

다름 아닌 내 것임에도
날 때부터 우리에겐 없었던 그것
시장통의 물건이 아니면서도
우리의 부모들이 빼앗긴 그것
그것 없이는 살아도 죽은 목숨인
숨결이며 가치인 자유는
고향으로 안고 갈 우리의 맹세

공백

돌아가지 않는 필름과
소음뿐인 스크린엔
일그러진 공백이 쌓인다.

무료하고 초라한 날과
추억을 품은 환영이
초조한 허상을 찍어내고 있다

주어진 운명인지도 모를
이 시간, 아픈 마음에
인내의 공식이 가득하다.

인생 커피

죽음의 그림자와 마주한 순간
커피 맛을 알아버렸다.
종이컵 속에 쉽게 털어 넣던
봉지 속의 달콤함, 너를 밀어낸 쌉싸름한 여유.

내 것이라 믿어온 과거를 밀어내며
낯설었지만, 간절함이 함께하는 향기가 새롭다.
희미했지만, 따사로운 인내가 머물러 있는
커피 한 잔에, 꺼져가던 삶이 미소 지었다.

어둠 깊어가는 창가에서

어둠 깃든 창가에
시간의 덧문을 친다.
먼지처럼 쌓여도
털어내지 못한
초조함, 감당할 수 있다면
삶의 유혹을 뿌리쳐라.
나를 지탱해 온
간절한 그리움
마침내 닿으리라는
어머니 품, 그 길에 걸머진
삶의 멍에가
주어진 우리의 운명일지 모른다.

그리고 내일

인제 와서 하는 말이지만
나에게, 영웅적인 과거는 없었다.
기억하려거든 벗들이여
함께 했던 모든 날을 기억해 달라

솟구치는 열정, 불타는 결의를
한 뜸 한 뜸의 지혜로 모아
고향을 향한 사랑을 수놓았고
그것이 열정임을 깨우쳐 주었나니

벗들이여, 꺼져가는 기억 속에
함께 했던 추억들, 네가 있어 빛났던
모든 날, 모든 순간
그 모든 것에 감사하노라.

덧없이 가버린 줄 알았던
보잘것없던 날들도
당신이라는 이름으로 채워져
선명한 그림이 되었다.

소박했지만 진심을 나누었던
평범함이, 이제는 눈부신 추억이 되어
우리 안에 살아 숨 쉰다, 함께 웃고
함께 울었던 소중한 순간이여.

그러니 기억해 달라.
화려함은 없어도,
당신과 함께였기에 우리의 모든 순간이
찬란한 기억으로 남아 있음을.

소감, 동백장

영광을 말하는데
애초에
영광 같은 건 없었습니다.
있다고 해도 그것은
내 것이 아녔습니다.

단장하고
꾸며서 온 길 아님을
친구들은 잘 알 것이외다
술은 말로 마시고, 노래방에서
밤새 소리 지른 적도 있습니다.

마음 가는 대로 살았고
과한 욕심에
상처 준 이들도 있는데
사과를 안 한 적도 있습니다.
다시 또 잘못한 일 많습니다.

부디 한 것이 있다면
뿌리 깊은 그리움을

같이 한 것이외다, 나도 탈북자인 까닭에
외로움을 나누었고
기쁨과 슬픔은 언제나 나의 것이었습니다.

그렇게 살다가 영문도 모르고 받은 훈장
나에게 온 것이 아니라
나를 사랑해 준 모든 이들에게
바쳐지는 이름 없는 꽃입니다.
함께 걸어온 우리의 발자취입니다.

어둠을 가르는 전파

어둠과 싸웠다,
20년

증오의 다른 이름인
사랑으로.

다만 그리움이 아닌
믿음으로,

억압받는 이들을 향해
자유를 외쳤다.

사람 위에 사람 없는
자유 조선을!

독재정권 타도하고
자유 통일을!

목소리 닿지 않는 곳에
전파를 실어 보냈고

절망의 벽 너머
희망의 씨앗을 심었다.

오, 자유의 빛이여
어둠을 가르고 진실을 전하는

역사의 힘찬 날갯짓이여!

수잔 숄티

먼 대륙에서 불어온
자유의 바람
세상이 북한을,
조선의 고통에 침묵하던 때
당신이 뿌린
희망의 씨앗이 있습니다.

북조선 인민들의 자유와
해방을 위한, '북한자유주간'
어느덧 스무 해를 맞았습니다.
강산도 변한다는 긴 시간 속에서
당신은 변함없이
한 줄기 빛으로 발하고 있습니다.

닫힌 문을 열고 새로운 길을 열어젖힌
북한 인권운동의 선구자,
망망대해를 떠돌던 저들의 손을 잡고
자유의 항구로 인도한 당신
얼어붙은 마음에 따스한 온기를 불어넣어
다시 살아갈 용기를 주던 당신을 기억합니다.

언어와 국경을 넘어선 당신의 사랑은
절망 속에서도 희망의 끈 놓지 않게 한
열정이었습니다. 이름 없는 자의 목소리에
귀 기울이고, 잊힌 자의 눈물을 닦아주며
오직 자유를 향한, 외롭지만
굳건한 길을 걸어왔습니다.

그 길에서 당신은 수많은 난관과 맞섰고,
비난 속에도 흔들림 없이 나아갔습니다.
거친 파도에도 굴하지 않는 등대처럼,
북조선 인민만 생각하고 사랑하는
당신의 진심은 꺾이지 않았습니다.

어둠 속에서 헤매는 아이들과 노인들,
탈북자 모두에게 빛이 되어준,
당신의 헌신은 인류애의 실천이었고
인간의 존엄성과 자유가
얼마나 소중한 가치인지를
선언문처럼 역사에 남겼습니다.

스물 첫 번째, 북한자유주간을 맞으며
우리는 다시 한번 기억합니다.
수많은 생명을 구하고
인류의 보편적 가치를 드높인 당신의 열정을!
자유를 향한 꺼지지 않는 불꽃을!
당신은 정녕 억압받는 모든 이들의 희망입니다.

니가타의 바다

그날
추적추적
비가 내렸습니다.

당신을 소개해 준
어느 교수와
말없이 거닌 그 바다

에치고
미쿠니
히다산맥이
병풍처럼 둘러싼 동해의 그 바닷가

하염없이 걸었습니다

걸음마다 파도가 부서지고
비바람이 얼굴을 스칠 때마다
영문도 모른 채 끌려간
당신이 떠 올랐습니다.

(나의 탈북은 의지였는데
갑자기 끌려간 열세 살 소녀는 얼마나 당황했을까)

하곳길에서
이 평화로운 바닷가에서
삶의 빛을 막 피워내던
작은 새 한 마리가
어둠 속으로 사라져 버렸다는 이 기막힌!
슬픔의 비디를 걷고 또 걸었습니다.

파도는 쉬지 않고 밀려오고
갯바위는 묵묵히 파도와 마주합니다.
끝없이 밀려오는 슬픔과
꺾이지 않는 기다림처럼
니가타의 바다는 인내의 성지였습니다.

어머님이 기다리고
기다리던 아버님이 숨 잦은 이곳
니가타의 바다는
불행이 시작된 곳이 아니라

불꽃 같은 자유가 시작된 곳입니다.

그 바닷길
당신을 못 있는 소중한 이들과
오늘도 나는, 조용히 걷고 있습니다.

빵도 우유도

사람들은 말한다.

무너질 기미조차 보이지 않는
거대한 북한을.

높은 벽
압제의 성
두꺼운 철문과 요지부동의 성체

아무것도
변하지 않은 땅에서
백성의 원성은 높아만 가고
맹목적인 충성과 노예적 근성 위에
세습의 멍에 무겁다.

그래서 천년은 더 간다는
인민민주주의 공화국(만세)
악법 위에 악법을 발동해
반통일의 성벽도 만들어 냈다.

그래서, 영원히
백성을 가두리라던 차디찬 감방

(시멘트벽, 보이지 않는 곳에
균열이 생기고, 그사이 스며든 작은 금 사이로
이름 모를 들풀이 자라
꽃도 피었다는 소식이 들려 들려왔다)

절망 속에서 움튼
생명의 숨결이다.
철옹성 같은 체제에서 발견된
세월의 풍화, 비껴갈 수 없으리란 방증이다.

고향을 못 잊는 사람들이
열정과 용기를 모아 보내는 소식
더하여, 스스로 알아버린 억압된 영혼
지금은 눈에 보이지 않아도
압제의 사슬 끊으리.

타오르리라

침묵하던 그 거리
자유는 공짜가 아니라는
진리의 깃발을 손에 든다면

꿈틀대리라
저 거대한 성의 심장에
돌이킬 수 없는 균열이 생길 것이고
빵도, 우유도 생길 것이다.

영웅 놀이

시한부.
어처구니가 없다.

일순
머리가 하얘졌다가
울었다가, 숨이 꺽 막혔다가
사흘 밤낮
지옥과 천국을 헤매다가
놀랄만한, 결심 하나를 세웠다.

비장하고
영웅적인
장렬한 최후
그런 날, 그런 순간이 오면
이 몸 불사르리라.

가을이 갔다.
겨울도 가고 논이 파랗다.

봄 향기 들에 가득한데

칼을 뽑아 들 힘도 없고
포효할 이유도 찾을 길 없다.

무얼 더 할 수 있을까?

고요의 찻잔 들고
창밖의 바람 소리에 귀 기울이는 외
살아온 날을 추억하며
인생의 노래에 귀 기울이는 것밖에
그래도 세상은 뒤집히지 않고
그래도 하늘은 무너지지 않는다.

비장한 최후

인민군 복부 20년

남(南)에서는
대북 방송원으로 20년을 살았다.

북한을 좋아하는 사람들의 비난에 시달렸고
죽이고 말리란, 노동신문의 폭언도 종종 들려왔다.

그래서 늘
총탄에 쓰러지는 비장한 최후를 생각해 왔지만

하얀 병상 위에서 조용히, 무지개다리를 걷는다.

풀이 푸른 나의 무덤은

풀이 푸른 나의 작은 무덤은
차림새 없는 내 일생의 시집
해마다 풀이 돋고 그늘 짙듯이
내 노래 오래오래 살아가리라.

*북한 시인 김순석의 묘비에 새겨진 글

김성민(金聖玟)

1962년 자강도

평양련광고등중학교 졸업(1973~1978)
김형직사범대학교 어문학부 졸업(1988~1992)
중앙대학교대학원 문예창작학과(석) 졸업(2002~2005)
명지대학교대학원 북한학과(박) 수료(2009~2011)

북한군 제212군부대 예술선전대 작가/대위(1992~1996)
탈북, 대한민국 입국(1996~1999)
백두한라회 회장 역임(2000~2003)
탈북자동지회 회장 역임(2003~2004)
'자유문학'으로 등단(2007. 4)
북한민주화위원회 1부위원장 역임(2006~2010)
대북단파라디오 방송국 자유북한방송 대표(2004~)

수상
국경 없는 기자회로부터 '올해의 매체 상' 수상(2008. 10)
대만민주주의 기금으로부터 '아시아 민주인권 상' 수상(2009. 11)
국민훈장 동백장 수훈(2024. 07)

저서
북한에서 온 내 친구/(주)우리교육/공저(2002. 11)
10년 후 북한/인간사랑/공저(2006. 6)
고향의 노래는 늘 슬픈가/다시/(시집)(2006. 11)
정체성 찾기의 시론(석사논문)(2005. 3)

병사의 자서전
-시가 있는 이야기

1쇄 2025년 6월 20일
2쇄 2025년 6월 27일

지은이 | 김성민

펴낸곳 | 북앤피플
대　표 | 김진술
펴낸이 | 김혜숙
디자인 | 박원섭
마케팅 | 박광규

등　록 | 제2016-000006호(2012. 4. 13)
주　소 | 서울시 송파구 성내천로 37길 37, 112-302
전　화 | 02-2277-0220
팩　스 | 02-2277-0280
이메일 | jujucc@naver.com

ⓒ2025, 김성민
ISBN 978-89-97871-72-8 03810

잘못된 책은 구입처에서 바꾸어 드립니다.
값은 표지 뒤에 있습니다.